November 11/2014

Adam Lizakowski

For Tom
Nawrocki
with the best
wishes

Adam Lizakowski

Adam Lizakowski

40 Poetic Letters From Chicago To Pieszyce

Book design:
Kazimierz Rzeczyca

Cover design:
Sandra Rzeczyca

Wydawca:
THE FAHRENHEIT CENTER FOR STUDY ABROAD
President: Zbigniew Piwoni
Chicago, Illinois, USA
2014

ISBN 978-163315742-2

Listy / Letters

Adam Lizakowski

40 Listów Poetyckich z Chicago do Pieszyc

Adam Lizakowski

40 Poetic Letters From Chicago To Pieszyce

Słowo wstępne

Dlaczego piszę wiersze po angielsku o Chicago?

Mieszkam w Chicago od roku 1991. Moja poezja w dużym stopniu dotyczy tego miasta. Ze wcześniejszych wydań to tomik liczący prawie 200 stron wierszy o Chicago pt. „Chicago miasto nadziei" wyd. 2001. W roku 2005 z okazji 25 lecia debiutu poetyckiego wydałem dwujęzyczny pt. „Chicago City of Hope in Poetry and Photography/Chicago miasto nadziei w poezji i fotografii "piękny album wierszy i fotografii czarno-białych, jest to wydanie dwujęzyczne. Książka ta została bardzo ciepło przyjęta przez krytykę literacką w Polsce. Wydanie było okolicznościowe i miało tylko 500 egzemplarzy.

Chicago jest moją inspiracją poetycką, chociaż na mapie literackiej polskości praktycznie nie istnieje. Chicago nie ma rangi takich miast jak Londyn, Paryż, czy nawet Rzym, gdzie po pierwszych rozbiorach Polski pod koniec 18 wieku i po Powstaniu Styczniowym głównie kierowali się emigranci. Chicago zapisuje się małymi sgłoskami po 1863 oraz przed 1 wojną światową i po niej emigranci z Polski masowo przybywali nad jezioro Michigan. Powołano do życia pisma w których wtedy jak i dzisiaj nie ma miejsca na poezję. Powstały organizacje, które funkcjonują do dzisiaj, ale one z literaturą czy poezja nic nie mają wspólnego. Zorganizowane polskie szkoły, wykonano mnóstwo pracy, ale to w żaden sposób nie przełożyło się i nie przekłada na siłę intelektualną milionowej Polonii. Podobnie było pod koniec lat 40 i na początku lat 50 ubiegłego wieku. Jednak zawsze była to emigracja za chlebem dla brzucha. Chleb był ważniejszy od książki, dobrze płatna praca ważniejsza od wykształcenia. Emigracja za chlebem nie pisała książek i nie wydawała tomików poezji i dzisiaj praktycznie nic nie wiemy o życiu intelektualnym Polaków w 19 wieku w Chicago. Nie potrafimy wymienić ani jednego poetę, malarza, rzeźbiarza lub prozaika, który by swoją twórczością wpisał się w tzw. Ducha polskości.

Nigdy nie myślałem, że pisanie po angielsku stanie się dla mnie ważniejsze niż pisanie po polsku. Chicago przypomina wielką kopalnię złota, w której tak na dobrą sprawę jeszcze nie było polskiej stopy. Uboga polskość od względem kultury nie jest motywacją do działania, ale ja właśnie na tym ugórze szukam inspiracji mając nadzieję, że to co przez długie dziesięciolecia w polskiej poezji było nieobecne, dzięki tym listom w małych chociaż stopniu przybliży moim czytelnikom w kraju polskie Chicago zapracowane, spragnione pracy i pieniędzy.

Introduction

Why do I write poems in English about Chicago?

How I get here?

"Solidarity," a worker's movement born in 1980, opened the gates to the West for millions of Poles. For the first time people born after World War II could get a passport. I went to Austria for work, but two months later General Wojciech Jaruzelski declared martial law. Three months later I got an American visa and political asylum as a refugee immigrant to the United States.

Chicago in my poetry

I have lived in Chicago since 1991. My poetry, to a large degree, is about the city of Chicago. I have published a couple of books with Chicago in the title. A book of poems entitled Chicago City of Belief (2008) was awarded book of the year by the Polish branch of UNESCO. In 2005 I published a beautiful coffee table book of my poems and photographs in black and white. On the left side were poems in English, and on the right poems in Polish. The title of this book was Chicago City of Hope in Poetry and Photography / Chicago Miasto Nadziei w Poezji i Fotografii. This book was very well received by literary critics in Poland and is in many libraries.

In 2001 I published a 200-page book of poems about Chicago, written in Polish, entitled Chicago Miasto Nadzei. Chicago has been my poetic inspiration for over two decades and is a place very firmly embedded in Polish expatriate culture. Unfortunately, Chicago does not have a suitable place in Polish poetry, unlike cities such as London or Paris, where many Polish people emigrated after the partitions at the end of the 18th century and the November Uprising in 1831. Another chapter of Polish migration began after the January Uprising in 1863 and, later, WWI, when Polish emigrants flocked en masse to the City on Lake Michigan. Another wave arrived in the 40's and 50's. But it was always immigration for bread, not for culture. A well-paid job was more important than education.

Why Chicago?

From the beginning of the 20th century, Chicago became the second largest Polish city by population, just after the capital Warsaw, but not by culture. Being in this city where many Polish people have lived for over a hundred years, walking the same streets, living in houses built in the beginning of the 20th century, all this inspired me to write about these people who were caught in the net of American popular culture. Like almost every immigrant from every corner of the world, Poles made an effort to retain their religious tradition, but didn't do much to develop culture. They cultivated culture from the old country but they didn't make a new culture or support the efforts of artists living in Chicago. They became more conservative, more religious, and more patriotic than those who stayed in Poland. From my own observation, they stopped developing the cultural needs the moment when they left their country. And they are not willing to learn anything new. They prefer music from before they left. They are only consumers of Polish culture here in America, not the makers. They can only take and give nothing. Society, which only takes and doesn't give away, sooner or later will lose its identity or shrink to the size of nut and nobody will have respect for it.

Chicago as an inspirational place to live

From my point of view, Chicago is a gold mine for Polish poets—the place not touched by Pegasus' hoof. When I say Polish poets in Chicago, I mean a group of people who wrote poetry here before I was born. Those immigrant poets almost never saw their poetry in any Polish magazines or books. They never get their recognition and I don't even know their names. But I believe there must be some Polish poets here for so many decades but there have gone with the wind. They didn't have the power to survive and nobody cares about them. They are completely lost in the time and their voice has also been lost. The poem is the voice of a poet. The poem is the inner life of a poet. The poem is the window through which a poet see world. If a poet is gone and his heritage is gone, nothing is left, just a gap, which nothing can fulfill. His voice is lost and the next generation won't be able to hear and feel.

When I go to Polish churches or cemeteries and know that many of these people's histories have yet to be captured in poetry, I feel an obligation. I don't want to be a chronicle for Polish people in Chicago, but the inner voices tell me to write about them. I try to ignore the voices, but they are stronger than my will. I wanted to write about sunny California, beautiful San Francisco, intellectual New York, the prairie and the rivers. But once I got involved in the Polish subject, I was entangled in the history of Chicago: Why did Communist Poland use the Pullman Strike as their worker's holiday? Why does LaSalle Street have a French name? There are a lot of questions, which each poet should answer. Each person, each poet adds his personal little "fragment" of his/her life to the whole book of our history. There is no such "Anthology" of Polish poets in Chicago. But fortunately Chicago is a "wonderful anthology" of amazing things and histories which can inspire more than just the Polish poets. I know Chicago was created not for Polish poets but for Polish peasants and hardworking people as well Polish patriots, for all of those who wanted jobs, not for poetry or literature. For many, poetry is an abstract word and doesn't have the power of words such as: bread, shoes, home, milk, bed and etc. Poetry is not religion and belief. In our life, we need balance between whatever we do. In Chicago and America, Poles lost the balance. That's why there are so many Polish churches and cemeteries, but not factories or theaters— many hard working construction workers and cleaning ladies but only a few artists on local level. As a poet, I am not going to answer all these questions, but I am going to follow my own curiosity. That's why I write about Chicago.

List 1

Pytasz się jak żyję?

Teraz po tylu latach gdy
z tylu niepotrzebnych rzeczy w życiu
oczyściłem życie, żyję własnym życiem.
Jestem bujnym krzakiem winorośli
upajającym się promieniami słońca,
spokojem gdy księżyc świeci.
Wyciszyłem w sobie hałaśliwe życie i myśli
moje zajęte są organizowaniem miejsc
na wszystkie te rzeczy, które naprawdę
potrzebne są do życia. Nie planuję
żadnych podróży, potrzebuję trochę czasu
aby pomieszkać, dla siebie, dla poezji.
Stąpam przez życie bardzo ostrożnie
aby znowu się nie potknąć, nie przewrócić się.
Nie wybiegam do świata z rozłożonymi ramionami.
Nie cierpię z tego powodu ani z powodu ubóstwa.

Letter 1

You ask, how is life?

Now so many years after
I got rid of the unnecessary things in my life,
Cleansed my life, I live my own life.
I'm a lush grapevine
Delighted by the sun's rays,
Quiet when the moon shines.
I have muted the noise and my thoughts
Are occupied with organizing places
For those things that really are needed in life.
I am not planning
On taking any trips, I need some time
To live for myself, for poetry.
I'm walking through life very carefully
So I don't stumble, do not tip over.
I don't run out into the world – to the world
With arms outstretched.

I do not suffer. I know suffering is like
A horse — it has four legs but still stumbles.

List 2

Czy jestem szczęśliwy?

Chicago jest nieprzewidywalne i niebezpieczne,
coraz więcej i więcej bezrobotnych,
zło pleni się jak pokrzywa,
a ja jestem szczęśliwy. Znalazłem tutaj.
swój raj, jakże inny od tego wymarzonego.

Jak mało do szczęścia potrzeba
tym co w kwiatach nie szukają zmysłowych
przyjemności.

Czy jestem szczęśliwy?

Ależ naturalnie. Czuję jak szczęście złapało
rytm bicia serca. Razem wesoło walą w bęben
codzienności. Nie można być szczęśliwym
i nic o tym nie wiedzieć. Szczęście
włazi w kości, usypia umysł, rzeczywistość
pracuje na zwolnionych obrotach, ból
topnieje. Mózg staje się gwiazdą.
Jestem szczęśliwy, jak anioł
Wyobrażam sobie, że w raju musi być podobnie.
chociaż żadnych uczynków nie robię.

Letter 2

Are you happy?

Chicago is dangerous and unpredictable.
There are more and more unemployed people.
An evil of unpaid bills multiples
Like unwanted weeds.

I'm happy. I found my paradise here—
I can build my happiness from stones and mud
How different from what I dreamed it to be.

How little is needed for happiness
For those who do not seek out sensual
Pleasure in the flowers.

Are you happy?

Of course. I'm happy and I feel how happiness
Overflows in my veins. You cannot be
Happy and not know that you are. I imagine
That it must be just like this in heaven. Happiness
Enters into our bones and puts our minds to sleep.
Reality slows down. Let the pain melt.
Let the tears run down. I am as happy as an angel
Although I do not do any benevolent deeds.

List 3

Długo nie pisałeś, dlaczego?

Długo nie pisałem, bo jest mi dobrze.
Trudno jest pisać o szczęściu.
Jestem szczęśliwy, dlatego nie piszę, nie ma
o czym pisać.
Szczęście jak kot śpi na moich piersiach.
Ameryka jak święty Jerzy zdjęła z moich
rąk kajdany, ciężar z ramion.

O wiele
łatwiej jest wyrazić ból i rozpacz. Ból
pobudza do ciągłej czujności. Stawia nas
na baczność. Gdy jest nam źle chcemy aby
cały świat o tym wiedział. Radość
zatrzymujemy tylko dla siebie. Pilnujemy
jej aby przypadkiem nikt obcy nie podpatrzył nas.

Napiszę gdy będę nieszczęśliwy jak Syzyf.
O nieszczęściu które mnie spotkało.
O niespełnionych marzeniach, klęskach.
Napiszę więcej gdy dostanę po pysku od życia,
o swym upokorzeniu w Ameryce. Napiszę,
napiszę o wszystkim.
Tylko nie o tym jak jest mi dobrze.
Czekaj cierpliwie na moje listy.

Letter 3

You did not write for a long time. Why?

I have not written for a long time
Because I am doing well.
It is difficult to write about happiness.
Happiness, like a cat, sleeps on my chest.
America, like Saint George, took the chains
Off my wrists, the burdens off my shoulders.

My underwear, socks, t-shirt dry on the balcony.
In the warm late June evening, wind moves them like
Victory flags from the Battle of Vitoria.
I am the winner of my battles with the general
Of everyday needs. I have everything that I need.

I'm happy because I do not write. I have nothing
To write about. I'll write when I'm unhappy,
Like king Sisyphus,
About the misfortune that has befallen me.
The unfulfilled dreams and defeats.
About my humiliation in America.
I'll write more when I get slammed in the face
I will write, I will write about everything.
Just not about how well I'm doing.
Wait patiently for my letter.

List 4

Jak ci się podoba w Chicago?

W Chicago podoba mi się jesień.
Wdycham jej zapach. Oczami pochłaniam jej kolory.
Widzę jak liście spadają miękko z gałęzi
na gruby dywan opadłych już liści.

Serce moje zadrżało. Przestraszyłem się, wiem,
że spadanie to nieprzyjemna rzecz. Gdybym miał słuch
na pewno usłyszałbym długie i przeciągłe
aaaaaaaa...

Letter 4

Do you like living in Chicago?

Chicago is a child posing for a photograph.
Horizontal lines of streets shine on his forehead.
Yes, I like the city at five in the morning when it
Wakes up to life and the cars wheat, one by one, swing out
Of barns like wheat from a ruptured bag.

Autumn is beautiful here. I breathe in her scent.
My eyes absorb the colors. I see leaves
Fall softly from the branches to the thick carpet of
Already fallen leaves.

But my heart trembles. Scared, because I know
That falling is an unpleasant thing. If I had a good ear
Certainly I would hear the despair of a falling leaf.
Prolonged and lingering.

List 5

Czy kupiłeś sobie dom?

Dawniej
mój dom był jak koktail Mołotowa
życie w nim nie było płaskie jak stół
ściany skakały do oczu. I nie było
różnic pomiędzy rozbitymi naczyniami
a ludźmi.

Obecny
mój dom to wyobraźnia. Ostrożnie
otwieram drzwi, klucz noszę na tasiemce
i na sercu. Uważam, aby nie zaprószyć
ognia nadziei i oczekiwań. Można się
sparzyć a nawet spalić.

Letter 5

Have you bought a house?

Formerly
My house was like a Molotov cocktail.
Life in it was not flat like a table,
The walls jumped at the eyes. And there were no
Differences between the broken dishes
And humans.

At present
My home is in my imagination.
I open the door carefully; I keep the key on a ribbon
Tied to my heart. I am careful not to start
The flames of hope and expectations.
I might burn myself and even catch on fire.

List 6

Napisz, czy artysta powinien mieć rodzinę?

Udana zdrowa rodzina to największe
Szczęście ogniem rozpalonym z suchych liści
dni, chrustem wielu lat.

Artysta jest wierzbą
z jednej strony zielona a z drugiej usychająca,
sama sobie w rzece się przygląda

Rodziny miłość warta jest więcej niż
skarbiec Ateńczyków w Delfiach
odwaga Achilesa, siła Herkulesa

Każda rana, byle nie rana serca
krew z tej rany pije ptak o imieniu rozpacz

Wszelkie nieszczęścia, nawet zguba
chusteczki, która poleruje się nadzieje
byle nie strata miłości własnych dzieci.

- poeta jest bezużyteczny.
But he will arrange three roses
In a Chinese vase:
A pink one,
A red one,
A yellow one.

Letter 6

Tell me, should an artist have a family?

Family kindles the leaves of dry days,
And the brushwood of many years of experience.

The poet is useless.

The artist is a weeping willow.
On one side green, but on the other withered away,
Observing her reflection in the river of life.

The poet is useless.

Family love is more worthy
Than the greatest treasure of the Athenians in Delphi,
The courage of Achilles and strength of Hercules.

The poet is useless

Than any wound, but not the wound of the heart.
The blood from that wound is drunk by a bird
Whose name is despair.

The poet is useless.

Losing the handkerchief that polished hope
Is nothing compared to losing the love
Of your own children.

The poet is useless.

But he will arrange three roses in a Chinese vase:
A white one,
A red one,
A yellow one.

List 7

Z czego żyjesz?

W Stanach nikt nikomu nie mówi
ile zarabia i z czego żyje. Dlatego
pył ciekawości na głowy nikomu nie opada.

W Ameryce wszystkie przyrządy
bezpieczeństwa w człowieku są
włączone cały czas. Czujnik na ciepło
obniżony do wymaganego minimum.

Poeta żyje okruchami i jest wdzięczny
stwórcy za to co ma. W przeciwieństwie
do innych nie jest świnią, co się do koryta pchają
a gdy zeżrą, ryjem koryto przewrócą.

Letter 7

What do you do for work?

Americans turn into stones when you ask
Them how much they earn and how they live.

Therefore the curiosity of dust on anyone's head is not falling.
Asking Americans how much they make is
Like opening Pandora's Box;
their faces change in one second
Into monsters of plunder.
It does not raise unnecessary emotions
Like jealousy or curiosity which is
The first step to personal suffering.

In America, all the instruments of safety,
Safety valves, are in men and on all the time—
Sensors for heat reduced to the minimum required.
They hate or love, but conversations about their
Money they definitely hate. So please be careful
When you ask questions like that; they won't tell you
That they hate you, because it is politically incorrect,
But they may hate your new tie or sweater.

I am the poet who lives
On crumbs, and he is grateful to the creator
For what he has. In contrast to others
He is not a pig, which pushes through to the trough.
And when he has his fill, he will tip over the trough
With his snout.

List 8

Czy klepiesz bidę?

Bieda nie ma świętej księgi
rozkazów i nakazów. Jest nierozłączną
towarzyszka życia wszystkich emigrantów
jest obecnie ze mną w zgodzie. Zawsze jest
jej dobrze w dusznych pomieszczeniach
lub pod dziurawym dachem. Wprowadziła się
ode mnie po dobroci jakiś czas temu.
Nie znam jej adresu, ale co chwilę ktoś
mi mówi, że ją widział. Co jakiś czas dzwoni do mnie.
Pyta się co tam u ciebie nowego? Czy mogę
wpaść na chwilę? Wiem, że nie ma wyobraźni
nie potrafi wymyśleć piekła ani nie wie co to
jest grzech. Jak tylko mogę, to wykręcam się od spotkania z nią.
Przed końcem każdego miesiąca nachodzi mnie
wraz z płatnościami. Przychodzi do mojej sypialni,
siada na łóżku i zagląda głęboko w oczy.
Włącza płytę the Queen, śpiewa na całe gardło,

I've paid my dues
Time after time.
I've done my sentence
But committed no crime.
And bad I've made a few.
I've had my share of sand kicked in my face d mistakes –
But I've come through.

Letter 8

Do you live from hand to mouth?

Poverty, inseparable
Companion of immigrants' lives,
Is now in harmony with me. She moved in
Without a fuss and moved out
Without a fuss, some time ago.
I do not know her address,
But every now and then someone tells me he
Saw her. Every now and then she calls me.
She asks me what's new. Can I
Drop in for a while? At all costs, I avoid
Meeting with her, but before the
End of each month she strikes me,
As do my bills. Awakened by her noise,
I pull the blanket over my head
And very warmly I laugh at her.
She puts on a Queen record and
Sings along with Freddy:

I've paid my dues
Time after time.
I've done my sentence
But committed no crime.
And bad mistakes –
I've made a few.
I've had my share of sand kicked in my face
But I've come through.

List 9

Jak żyją Polacy w Ameryce?

W pustce miękkiej jak tureckie dywany
tak ogromnej, że jeden nie widzi drugiego.
Myśli o własnym JA poszerzą tę pustkę.
Marzą o tłustych dniach w garniturach
kupionych w Salvation Army stoją nad grobem
własnych pragnień.

Wielu jest takich, co wymieni przyjaciół
na samochody? Rodzinne szczęście na
pieniądze? Do wielu z nich nikt nie zawoła
ojcze albo matko. Zaktwitną kwiatem uczuć
ale ten nie wyda owocu.

Pokochali rzeczy, które stawiają
wyżej niż siebie samych. Zamknięci od
wewnątrz na klucz a ten zgubiony.
Nawet nie zauważają jak szybko zbudują
gniazdo na drzewie bez korzeni, bez soków,
jak szybko pozbędą się głodu kultury,
jak szybko porosną sadłem obojętności.

Letter 9

How do Poles live in America?

In the wilderness it is as soft as a Turkish carpet,
So immense that Poles cannot see each other.
Thoughts of my own "I" expand this wilderness.
They dream of fat days in suits bought at
The Salvation Army standing over the grave
Of its own longing.

Many Poles exchange friends
For cars. Family happiness for money.
For many of them, there is no one to call,
Father or mother. That is the price of leaving
Your own country. The flower of feelings
Comes into bloom but produces no fruit.

They fell in love with things that stand
Higher than themselves. They are locked
Inside and have lost the key.
They do not notice how quickly they build
A nest of sticks without roots, without sap,
How quickly they rid themselves of the hunger for culture,
how quickly they grow large with the fat of indifference.

List 10

Czy masz przyjaciół?

Ależ naturalnie.
Chciałbym napisać ci o wiewiórkach
których życie przebiega bez ambitnych planów
zostania kimś kim się jeszcze nie jest.
W Chicago nie ma rudych, są tylko szare.
Przy Logan Square, gdzie mieszkam, jest
dużo drzew i jeszcze więcej wiewiórek.
Niedzielne popołudnie jak kot się przeciąga
A każda godzina miauczy. Homer o tym
by nie śpiewał. Sarte ani Kiergaard nie
zajmowaliby się problem zwanym wiewiórka.
Aby serce nie stwardniało jak kamień
niekiedy wiewiórki częstuję
jedzeniem. Są one mistrzyniami w pożegnaniach.
Zamiast krzyczeć wracajcie, wracajcie
zdobywam się tylko na szept.

Letter 10

Do you have friends?

Naturally.
I would like to write to you
About the squirrels.
In Chicago there are no red ones,
Only gray.
In Logan Square, where I live,
There are lots of trees
And even more squirrels.
There Sunday afternoon stretches lazily
Like a cat and every hour meows.
Homer would not write about them;
Sartre or Kierkegaard would not deal with this subject.
For their inspiration was human drama,
Big and dangerous like Etna, or human souls
Deep as the Mariana Trench.
Sometimes I treat them with food.
They are champions at good-byes.
Before I open my mouth, I hear the rustle of
The disappearance of a luxury. Instead of screaming
Come back! I can only whisper: come back.

List 11

Jak się czujesz na emigracji?

Wiem, że emigracja to wylęgarnia wszelkich
psychicznych chorób. Nikt nam tej bakterii
nie podrzucił, sami ją wyhodowaliśmy
w naszych sercach i umysłach.

Są drzewami zginanymi przez wiatr do ziemi
w snach widzą stare krajobrazy i krowy
prowadzone do rzeźnika, słyszą słodkie
gruchanie gołębi i wiele innych rzeczy
które zna ich siedem zmysłów

Są strażnikami własnych snów
życie jest ich inne
mają zawsze schody pod górę
czasem tylko zjeżdżają po poręczy
w dół tak samo gdy byli dzieci
to jest ich jedyna radość

Inni rozwijają sztandary złotem
haftowane i o drogę pytają. Jeszcze inni
wznoszą wzrok do góry.

Na niebie jest wiele orłów dla których
matką była wrona.

Letter 11

You must have gotten crazy.

I know that immigration is a breeding ground for all
Mental illnesses. No one spreads the bacteria.
We incubate her in our hearts and minds. Some
Re-kindle the hearths
Of cold hearts down to the bone.

Immigrants are here and there.
Some of them are trees bent by winds.
In dreams they see landscapes and cows
Taken to the slaughterhouse.
Immigrants can hear the sweet
Cooing of pigeons and many others things
Which they have known with seven senses.

Immigrants walking between skyscrapers or
Eucalyptus trees are the guardians of
Their own dreams, but their lives are different.
They always have uphill stairs
But sometimes they slide down the handrail
As if they were children; it is their only joy.

Immigrants are here and there.
Others unveil embroidered gold banners
And ask for directions. And others
Raise their foreheads high.
In the sky are a lot of eagles, whose
Mother was a crow. No, I am not crazy.

List 12

Czy czuję się samotny?

Czasem w nocy budzi mnie deszcz
dzwoni o szyby okienne pyta mnie
cierpisz jesteś samotny jest ci źle?

wtedy wyjmuję spod poduszki rewolwer
z ołowianymi kulami śmiechu i radości
mierzę prosto w jego mokry łeb

a on jak dziecko przeprasza mnie
błyskawicami mówiąc tylko żartowałem
tylko żartowałem.

Samotności mówię spadaj a ona
leci na łeb na szyję i jest dobrze, czasami
podaje mi kubek milczenia do wypicia.

Letter 12

Are you lonely?

Sometimes at night rain wakes me up.
When she calls on window panes and asks me:
Are you suffering, lonely? Do you feel bad?

Then I take my revolver out from under my pillow,
With lead bullets of laughter and joy.
I point it at her wet hair,

And she apologizes to me like a child,
Saying with her lightning: just kidding.
Just kidding.

I say to loneliness: get lost. And it
Flies away head over heels
And I happy it is gone.

Sometimes it gives me a cup of silence.

No, I am not lonely.
Those who like to dance
Never feel lonely.

List 13

Czy myślę o Pieszycach?

Ależ naturalnie. Jak mógłbym zapomnieć?
Wszystko pamiętam dokładnie jak doświadczona
bibliotekarka wiem gdzie która książka jest.

Bez wysiłku spaceruję po ulicach,
przyjaciół pozdrawiam po imionach.
Nie, nie czuję bólu, gdy o tym myślę.

Widzę obrazy, ale nie słyszę dźwięków.
Przyglądam się zielsku na grządkach.
Wyrwałem je z korzeniami, a ono wciąż
od dołu pnie się do góry.

Bez przyspieszonego bicia serca widzę
pieszyckie gołębie na dachu tuż przy kominie.
Siedzę na ławce z Jolą pod jabłonką w ogrodzie.
Stara Kuriatowa pompuje wodę. Spłoszony
wzrok Joli ratuje się ucieczką wśród gałęzi.

Letter 13

Do you think of Pieszyce?

Of course. How could I forget?
The memory of Pieszyce is like
An old library — where the librarian knows
The exact shelves where each book sleeps.

Effortlessly
I walk the streets, greet friends there
By name. No, I do not feel pain
When I think about it.

I look at the weeds in flowerbeds.
I pull them out by their heads,
And they're still in the ground:
Weeds without heads.

I see images but I cannot hear sounds.
When I see Pieszyce pigeons on the roof near
The chimney, my heart does not beat faster.
I'm sitting on a bench under the apple tree
With Jola in the garden.
Old Kuriatowa is pumping water. A frightened
Gaze from Jola flees among the branches.

List 14

Czym jest dla ciebie poezja?

Łatwiej powiedzieć czym nie jest.
Na pewno nie jest źródłem dochodów
ma pewno nie żyję dla niej. Na pewno
jest ją trudno oszukać. Łatwiej jest
oszukać sąd, państwo. Najłatwiej
siebie, poezji nigdy. Ona domaga się
aby oddać jej wszystko, łącznie z życiem.
Wielu poetów oddało życie dla niej.
Zdolność pisania wierszy to nie umiejętność
wysławiania się, prorokowania słowem.
Pauza spogląda milczeniem, obnażanie
metafor, to jeszcze nie poezja. Łapanie
chwil pazurami przecinków, kneblowanie
ust wielokropkiem to jeszcze nie poezja.
Poeta powinien mieć serce, duże serce, tak duże
że nie musi go szukać w głębi siebie.
Takie serce od jednej iskry zapłonie.
Ta garstka popiołu co zostanie to jest
poezja.

Letter 14

What is poetry for you?

It's easier to say what it is not.
Certainly not a source of my income.
I do not live for it. But I am the poet
Who wants to get into American poetry
Through the kitchen door. Certainly it
Is difficult to cheat on it. It is easier to
Deceive the court or the state than poetry.

The easiest way is to cheat on yourself,
Never on poetry. It demands
You give it everything, including your life.
Many poets have given their lives for it.

The ability to write poetry is not to be able to
Speak, but to prophesy with words.

The silent look with a pause
That exposes metaphors: this is not yet poetry,
Catching moments with the claws of commas,
Gagging the throat with idioms and metaphors,
That is not poetry. The poet should have a heart,
A big heart, so large that he does not have to look for
It in the depths of himself.
Such a heart burns up from one spark.
The handful of ash which remains:
This is poetry.

List 15

Czy wierzysz w Boga?

Tak jestem człowiekiem wierzącym.
Nie wiem, czy wierzący to to samo co religijny.
Ludzie wierzący są jak kochankowie tęskniący
za sobą, poszukujący się, w poszukiwaniach ich
nie ma końca. Oni widzą nie tylko łąkę,
ale każde źdźbło trawy tańczące, łąka fika
koziołki. To co oni czują jest sekretem
miłości do Boga.

Letter 15

Do you believe in God?

Yes, I am a believer.
I do not know if "believer" means a religious person.
Through the fields, lakes, cities, forests,
Mountains, and deserts God is walking.

In the Nile floats a basket with Moses.
Plato and Aristotle both are right.
Saint Augustine and Saint Thomas,
Both are right.

Silver pigeon feathers and fish
Under the waves. Both are right.
The swaying tulips, their heads on long legs,
Motley stars. Both are right.
And peacocks when they chase pheasants
Barely touching the ground. Both are right.

Believers are like lovers longing for each other.
Both are right.
They are searching for each other; in their search
There is no end.
They see not only the meadow
But every blade of grass somersaulting,
Kicking the horses in the meadow. Both are right.
That's what they feel is the secret
Love of God.

List 16

Czy wiesz, że twój przyjaciel Robert Czachorowski nie żyje?

Tak wiem, osierocił trójkę dzieci w wieku przedszkolnym.
O jego śmierci pisała do mnie matka.

Śmierć samochodowa.
Pisk kół, wrzask ludzi, przestrach
wykrzywiający twarz, szeroko otwarte oczy - zdumione.
Brzęk szkła, trzask łamanych kości. Krew.
Robert wyrwany ze sceny życia
włożony w łono śmierci
bez żadnych oklasków.

Letter 16

*Did you know that your best friend Robert Czachorowski is
dead?*

Yes, I know.
He orphaned three children of preschool age.
His mother wrote to me about his death.
His death cannot write. It keeps a scythe
In both its hands.

Car.
Screeching wheels, screaming people; fear
Screwed up his face, eyes wide open – amazed.
The tinkle of broken glasses, the cracking of bones.
Blood.
Robert snatched from the scene of the theatre
Of life.
Inserted into the womb of death
Without any standing ovation.

List 17

Czy interesujesz się polityką?

Gardzę wszelką ideologią.
Wolę żąby i węże trzymać w rękach niż
Ulotki wyborcze

Dwa procent (milionerzy) rządzi całym państwem.
Pieniądze przyzwyczaiły się do władzy
Politycy jak gołębie spod Blue Line Station
On Pulaski and Iriving Park
Walczą o każdy okruch bułki rzucony
Przez bezdomną kobietę
O greckim imieniu Nemesis.

Władza popełnia przestępstwa.
Nie jestem pewny swojego bezpieczeństwa.
Politycy jak ćmy walą w okna na oślep.

Nie chcę oddać władzy
poetom, ale też nie oddam pokłonów
milionerom nie czytającym wierszy
bo oni przypominają dziadka który
uciekł z rosyjskiej niewoli w 1917
oddał złoty zegarek za stare buty
bez nich nie byłoby ucieczki.

Letter 17

Are you interested in politics?

No, I am not interested. I have a distaste for politics.
I'm disgusted by it all. I despise any ideology.
I would rather hold frogs and snakes in my hands than
Election leaflets.

Two percent (millionaires)
Govern the whole country.
Money has become accustomed to authority.
I'm afraid. I doubt I'm safe.
Politicians like pigeons from the Blue Line station
At Pulaski and Irving Park
Fight for every bit of bread
Thrown by a homeless woman
Whose Greek name was Nemesis.

Authority commits an offense.
Politicians at random bang like moths
On the windows.

I would not give power to
Poets, because they resemble
My grandfather, who escaped from the Russian
Army in 1917. He traded a gold watch
For old shoes –
Without them there would have been no escape.
But also I would not prostrate myself
Before millionaires who do not read poems.

List 18

Uciekłeś do wolności i co daje?

Teraz i ty masz wolność i co dalej?
Czy nie czujesz się wolnym. Nie grzeszysz
mową ani piórem, głosisz prawdę. Ale
nikt cię nie słucha. Rybak zarzuca sieci,
bankierzy kradną, politycy ćwiczą język
w kłamstwie. Ani ty ani ja nie korzystamy
ze swojej wolności. Ciebie na nią nie stać
a ja znam jej cenę.

Letter 18

You have escaped to freedom, so what's next?

In America, Freedom is like Union Station
In Chicago, where someone will
Ask for change for a bus ticket, a train ticket,
For a cigarette, or try to sell you marijuana,
Or sell you broken umbrellas, cheap perfume,
Ask you to let them use your phone
For their emergencies.
And after a while you feel that you need
To make an emergency call
To the President of the United States,
Who never answers.

List 19

Siedem lat minęło od upadku komunizmu, a ty wciąż w ukryciu emigracyjnym, dlaczego?

Rola emigracyjnych twórców
Jest to być na emigracji, cierpieć
jak ryba wyrzucona z głębi oceanu
na brzeg, nie upominać się o sławę i rozgłos.
emigranci są cierpliwi, długo żyją jak żółwie
zaraz po Bogu kochają ojczyznę
(chociaż z niej uciekli, nie wszyscy co prawda)
oni trochę ukradli z przeszłości,
aby utkać sztandar teraźniejszości.
Emigracja ma swój znak rozpoznawczy
tak jak każda legendarna kraina, krajobraz
odcisk palca, dlatego nie wracamy.

Letter 19

Some time has passed since the fall of communism, and you are
still hiding in exile. Why?

The role of the immigrant
Is to be in exile, to suffer like a little golden fish
Thrown from the sea onto an unknown beach
Who waits for a beachcomber to pick her up
In order to fulfill her three wishes:
Give me freedom.
Give me work.
Let me have my American dream

And not desire fame or notoriety.
My generation of immigrants is my private gallery
For myself, not a Tate Gallery for the public.

An immigrant is patient, as long-lived as a tortoise,
And second to God loves his homeland most
(Although he escaped it).

An immigrant has stolen little bits from the past
To weave a banner of the present.
Immigration has its own distinctive character
Just like any legendary land, landscape,
Fingerprint.
Immigration is to me
Like the dirt for an earthworm
That's why we do not go back.

List 20

*Ostatnio dużo mówi się o Żydach, czy spotkałeś jakichś Żydów
w Ameryce?*

Jak mam sobie ich wyobrazić
(choć mówiono, że odeszli zaklęci w anioły
z palcami czarnymi od atramentu
oczach suchych jak zapomniane studnie).
Polscy Żydzi - zakurzone lustra oprawione
w grube ramy nocy w których tylko ciemność
się przegląda.
Czasem o nich myślę -
mistycznych ptakach dalekiego dystansu czasu
kładących cień na mojej przyszłości,
emigranci tacy sami jak ja,
potomkowie Biblijnego Stwórcy w którego i ja wierzę
proszą w modlitwach o to samo co ja:
by całe moje życie było różami usłane.

Letter 20

Have you meet any Polish Jews in America?

In America, I met a number of Polish Jews.
How do I see them?
They are roses which God grew
On the railway track leading to the root of evil.

It has been said they are enchanted into Angels,
With black fingers of ink,
Eyes dry as forgotten wells
Or dusty mirrors bordered by the
Night in thick frames.
Polish Jews are lovers of old books and truths
Who guard their secrets and memories
And write new history.
Sometimes I think they are
Like cherry orchards from my childhood
Shadowing my future,
Descendants of the Biblical Creator
Praying for the same thing:
The same thing I want.

List 21

Napisz, czy ciężko jest być Polakiem w Ameryce?

Wczoraj młodociany Amerykanin
wyzwał mnie od głupich Polaków.
Chciał, abym dał mu dolara,
ofiarowany dolar mógłby zaoszczędzić mi wyzwisk,
uświadomił mi, że Kościuszko, Puławski niewiele są warci
w historii tego kraju wobec pieniądza.
Dolar to jest coś, za niego można kupić uznanie
(na jak długo).
Jestem głupi, pomyślałem otwierając drzwi samochodu,
jestem głupi, pomyślałem wjeżdżając na autostradę 55,
jestem głupi, a moja głupota jest wielka jak Ameryka
od Atlantyku po Pacyfik,
minąłem chicagowskie Down Town kierując się na północ,
jestem głupi - a to ciekawe – pomyślałem,
jestem głupim Polakiem dla tych, co coś ode mnie potrzebują.

Letter 21

Tell me, is it hard to be a Pole in America?

For several years, I lived in Poland and it was hard
To be a Pole among Poles.
Yesterday, an American adolescent
Called me a stupid Pole.

My soul like a frightened sparrow
Pecking a piece of bread,
Frightened, flew up into the sky.

I'm stupid, I thought, driving onto highway 55.
I'm stupid and my stupidity is as big as America
From the Atlantic to the Pacific.

He wanted a dollar from me;
Offering a dollar could save me from the name-calling.
He made me realize that the dollar has always been
Worth more than Kosciuszko or Pulaski
In the history of this country.
With the dollar you can buy acknowledgment.
(But for how long?)
I don't know. I have to ask a poet Pindar who says:
>   *Creatures for a day! What is a man?*
>   *What is he not? A dream of a shadow*
>   *Is our mortal being.*

List 22

Napisz coś o Ameryce.

Napisać „coś" o Ameryce może tylko ten, co tutaj
był kilka miesięcy. „Coś" tak wielkie jak Ameryka
trudno jest zrozumieć, opisać. „Coś" wierzy w istnienie
dzieci urodzonych ze srebrną łyżeczką w ustach.
Amerykę najprościej opisać jako sen
wielu snów luźno powiązanych ze sobą.
Ciężka głowa nurkuje w kosmosie nocy
jak rakieta uwięziona na korzeniu kręgosłupa
z ciężarkami stóp.

Letter 22

Write something about America

Only someone who has been here for just a few months
Can say "something" about America
(I have read many works on this subject).
I see America in the same way as Monet saw
His paintings by filling them with light.
I wish my poems about America
Could have a lot of lights.
"Something" as great as America
Is difficult to understand, describe.
"Something" believes in the existence of
Children born with silver spoons in their mouths.
America described simply is a dream
Or many dreams loosely interconnected—
A heavy head diving up into space at night,
A rocket weighed down by its feet.

The American dream is like a bucket
From a Polish village:
A deep well of fresh water
Before the rope breaks and the bucket falls upwards
Into the empty sky.

America doesn't have blooming clouds
And neither Emily Dickinson nor Walt Whitman heard
The dancing faun playing the flute,
But Keats heard him.
You know what? I discovered nothing;
I am just surprised by America.

List 23

Jesteś już poza granicami kraju tyle lat, napisz coś o języku.

Moja polszczyzna o smaku miodu
i ustach jak dzban, wylewają się słowa
tłuczone językiem z kamienia
moja polszczyzna mąka na pierogi
i młyn i strumyk szemrzący tajemnice deszczu
skoszone siano pachnące łąką
na której wciąż widać ślady bocianich stóp
mój język, aby go zrozumieć, musiałem przebyć
długą i niebezpieczną drogę
na której byli wojownicy o ludzkich ciałach
z głowami jastrzębi i psy o twarzach diabłów
ze średniowiecznych obrazów
ptaki ze mnie pogardliwie się śmiały
głosem syren fabrycznych
rozczesując rybimi ogonami gałęzie
przeżyłem strachy komunistycznego surrealizmu
dotarłem do Raju rzeczywistości amerykańskiej
rządzonej przez olbrzymów plemię zarozumialców.

Letter 23

You have been abroad for so many years. Tell me something about language.

My Polish language – a jug, the words flow out
Mixed with the language of stone;
My Polish— the flour for dumplings,
And the mill and the brook murmuring secrets of the rain,
Mowed hay, a fragrant meadow,
Visible tracks of the stork's feet.
My language— in order to understand it, I had to go on
A long and dangerous journey
Where there were warriors with human bodies
And the heads of hawks, and dogs with the faces of devils,
And birds laughed at me scornfully
With the voice of factory sirens.
I survived the terrors of surrealist communism;
I got to the paradise of capitalist modernism.
Language is never the key but always the lock.
Language does not describe things
But the relationships between them.

My Polish language— a streak after a jet melts
Into the blue sky,
Imitated on a sheet of paper.
Come to America, it is the salvation and
Damnation of your language.

List 24

Napisz coś o swoich wizytach w Pieszycach.

Do Pieszyc jeżdżę jak XIX-wieczni chorzy do wód.

Są tym najważniejszym słowem w moich ustach
gdy myślę lub gdy mówię Pieszyce
one są moim punktem wyjścia do ucieczki w świat.
są tak samo ważne jak zakładka do książki życia
czytam ją aż pewnego dnia sprzedam ją na
amerykańskim targu staroci.

Słowo Pieszyce jest szybsze od moich myśli
przeskakują przez mury i płoty ogrodowe
trzyma mnie w tęsknocie i miłości.
Pierwsza litera w moich alfabecie.
Chciałbym zrobic kopię tego słowa.

Pieszyce ptak, który śpiewa w środku nocy
jego gniazdem jest moje serce, karmię go okruszkami
amerykańskiego chleba tak samo jak Nietzsche
karmił się ideami o Apollo i Dionizosie.
Pieszyce to wspomnienia i marzenia żyjące pod mą skórą
perły łez mojej matki i wódka ojca
pierwsza złapana żaba z zielonymi oczami
patrząca prosto w moje niebieskie oczy
z zapytaniem, *czego chcesz ode mnie*
abyś my pocałowała odpowiedziałem.
Pieszyce to wspomnienia i marzenia żyjące pod mą skórą
perliste łezy matki i wódczane ojca
raj ze złotymi jabłkami z metalu
w którym narodzisz się ponownie
z drugiej strony oceanu.

Letter 24

Write something about your visits to Pieszyce.

I go to Pieszyce as nineteenth century patients went to a spa.
Making the most of Pieszyce as a bookmark to the book
Which I wanted to sell at a flea market in America.

Pieszyce is still the most important form
Wherever I begin to fill it out—
It's a word – a burden in my mouth when I think
Pieszyce, the first letter of my alphabet.

Pieszyce— the word is faster than my thoughts.
It can jump over walls and fences, gardens,
Rivers and oceans. I would like to photocopy that word.

Pieszyce, the bird that sings in the night.
His nest is in my heart, I feed him with crumbs
Of American bread. I treat him the way Nietzsche
Treats his idea about Apollo and Dionysus.

Pieszyce is the memories and dreams living under my skin,
Mother tears of pearls and father drops of vodka.
The first caught frog with green eyes looking
Straight into my blue eyes asking me: What do you
Want from me? And I said: May I kiss you?

Pieszyce is a story about what happened
But did not have to happen,
About a paradise with apples made of gold,
The rebirth of a man on the other side of the ocean,

Where he did not know who he is and who he would become.

List 25

Dużo spacerujesz po Chicago, opisz jakąś dzielnicę.

Pisałem już o ulicy Milwaukee, Archer, Belmont,
Michigan, Fullerton, na której mieszkam, Logan Square
pisanie o bogactwie tych dzielnic jest nudne
tak samo jak o biedzie
która wszędzie jest taka sama.

Pytasz o dzielnice, Golden Coast o niej
pisał Carl Sandburg a jedną z ulic nazwano
na jego cześć, są tam najpiękniejsze i najbogatsze
domy nowobogackich sprzed stu lat, tam się jeszcze
czuje krew mordowanych zwierząt i pot emigrantów
chociaż wszystko jest już od dawna wyperfumowane
i wyczyszczone na cacy, łazienki są marmurowe
a schody mahoniowe, w domach pachnie nie tylko
marzeniami, ale i starością, która lubi wygodę
komfort i przestrzeń, mieszkania są wysokie
dobrze oświetlone, przez przezroczyste szyby
można zobaczyć jak milionerzy mają urządzone pokoje.
Jeśli byś miał taki dom w takim miejscu
taką bibliotekę z dużym kominkiem
ze służącym — włoży zakładkę w książkę
gdy ociężała głowa w sen zapadnie.

Letter 25

You walk a lot in Chicago. Describe a neighborhood.

I have written about the streets named Milwaukee,
Archer, Belmont, Michigan, Fullerton, and where I live
In Logan Square. Writing about the richness of these areas
Is boring now, just like writing about poverty,
Which is the same everywhere.

This time maybe I'll write about the Gold Coast.
Working-class poet Carl Sandburg wrote about this district
And on one of the streets named in his honor,
I read his poems with the reverence my grandmother
Felt for her sewing machine.

When I'm there it's like my jealous eyesight has gathered
Dust in the same way bees gather nectar from flowers,
Then the thickly smeared honey on a slice of bread.
Over there, I can still feel the blood of murdered animals
And the sweat of immigrants who contributed to the
Wealth of the owners of the richest and most beautiful houses.
Everything has long been perfumed
And cleaned up, fine and dandy, the bathrooms are marble,
Staircases mahogany, and the home smells not only
Of dreams but also old age, which likes the convenience
Of comfort and space.
The apartments have high ceilings,
Well lit; through the clean windows
You can see from outside how millionaires' rooms are fur-
nished.
If you have a house in such a place
And a library with a large fireplace,
A servant will put a bookmark in your book
When your languid head collapses into sleep.

List 26

Napisz, czy jesteś zadowolony z pobytu w Chicago.

Pozdrawiam świat z Chicago
z miejsca z którego jestem w pełni zadowolony
pomimo 10 tysięcy kilometrów od Pieszyc.

Przez okno księgarni patrzę w twarz światu
i gdybym był chińskim malarzem
jedną cienką kreską namalowałbym go.

Wyśpiewują swoją wolność
jak żaba błotna czekająca na deszcz
po długiej porze suchy.

Chicago każdego ranka mówi
pisz swoje wiersze a ja zrobię ci
na śniadanie jajecznice na boczku.

Pozdrawiam świat co rano
pozdrawiam świat co wieczór
dźwiękiem otwieranych i zamykanych drzwi.

Cieszę się nim, jego bogactwem, wielkością
cieszę się, że mogę postawić w nim
swoją nogi i uczynić kilka kroków.

Letter 26

Write, if you enjoy your stay in Chicago.

I greet the world from Chicago,
The place with which I am completely satisfied
Despite my being 10,000 kilometers from Pieszyce.

Though the bookshop window
I look onto the face of the world,
And if I were a Chinese painter
I would ink that face with a thin line.

I sing my poems
Like a swamp frog that waits for
Rain after the long dry season.

Chicago says, Write your poem
And I will make scrambled eggs
With bacon for you for breakfast.

I created
My whole world and the cosmos
Flowing in my veins—that is my life.

I hear the sound of opening, the door never closes.
I greeted you Chicago when I was an ant
But now I am the elephant that you made me.

I am happy with it, its wealth of such great size.
I am glad that I put my legs in
And took a few steps.

List 27

Napisz, czy byłeś w Nowym Jorku

Na lotnisku O'Hare grupa Hindusów
z pudełkami nie do policzenia
niczym gwiazdy na niebie próbowała
wsiąść do samolotu jakby zabierali się
w podróż na słoniach do sąsiedniego miasta

szczupła stewardesa o wyglądzie tyczki na fasolę
podaje herbatę jako hołd przyjaźni pomiędzy
tym co zostało na ziemi, a tym co w powietrzu

strach niczym wrony na przewodzie telefonicznym
w szczerym polu o dramatycznym pejzażu
zgromadził się na lewym skrzydle
samolot pruje chmury z taką łatwością
jak się wyrywa kartki z kalendarza
nie pamiętając nazw dni ani miesięcy
za moment wymyślimy nowy czas
z godzinną różnicą od starego
Nowy York o mentalności pięknego kota łasi się
pod brzuchem maszyny United.
i już jestem na płycie lotniska sztucznego raju
z którym mało mam wspólnego
bo ani wzroku, ani słuchu, ani smaku

welcome to New York City
śpiewa Murzyn, dodając:
chcę ci wyznać tajemnicę
jestem kobietą...
nic nie szkodzi odpowiadam mu
powiedz to komuś innemu
mnie tutaj nie ma.

Letter 27

Write if you were in New York City

At the airport in Chicago, a group from India
With too many boxes to count – like stars in the sky –
Are boarding the plane.

A stewardess slim as a beanpole pours tea
As a tribute to the friendship between
What was on the ground and what will be in the air.

Fear gathers on the wing like crows on a telephone wire
Then the airplane scorches the clouds with the ease
Of pulling pages from a calendar,
Discarding the names of days and months,
Heading toward a new time.

New York is the mind of a beautiful cat who nuzzles
Under the belly of the fuselage – United.

The airport, an artificial paradise, has little in common,
Neither sight nor sound nor taste,
With relatives of the Mayflower.

"Welcome to New York City,"
A black man sings, adding
"I want to tell you a secret—
I'm a woman…"
"Never mind," I tell him,
"Tell it to someone else." I am not here.

List 28

Napisz, czy Chicago kusi

Chicago kusi światłami i oślepia gąszczem świateł
księżyc wygląda jak żarówka 40 watowa.
Miasto pulsuje niczym krew w krwioobiegu
pędzi prosto do serca, uderza do mózgu.

Miasto kusi i olśniewa, obiecuje i każe
sprzedaje i wystawia cenę, nic za darmo:
pół roku samotności za samochód
beczka potu za dobudowanie następnego piętra.

Chicago portret ukochanej
przybity do ściany zasłania dziurę przez
którą przedostaje się zimne powietrze i mysz.

Taniec godowy samolotów na jeziorem Michigan
w walizkach ukryte skarby
porcelana, kryształy, złote obrączki
pani poda swój bagaż,
witamy w ojczyźnie, całuję rączki.

Świadomość przecieka przez palce
Amor fati
Love hate.

Letter 28

How do you see Chicago?

A thicket of blinding lights and lights,
Shop windows, street lamps,
And the moon a 40 watt bulb.

The city pulses like blood,
Rushes to the heart and then the brain,
The air is terrible and the sunset rolls
Like a golden Roman coin

From the lake gray mist rises,
You can see it from a distance,
It soaks into the hearts of the people.
And the city is a hymn of silenced voices.
For Europeans in the 19th century, Chicago
Was like the communion.

In the 20th century, Chicago means
Pay the bill— nothing is free:
A year of solitude for a car,
And a barrel of sweat
For the construction of another floor.

Chicago: a portrait of a loved one
Nailed to the wall that
Covers the hole through which cold air
And the mice slip in.

In the 21th century, Chicago is like awareness
Leaking through your fingers
Amor fati,
Love hate.

List 29

Napisz coś o przeciętnym Amerykaninie, jak ich postrzegasz?

Joe przeprasza gdy ktoś nadepnie
mu na palce mówiąc jest ok.
Joe uwielbia I am sorry dla europejczyków
nic nie znaczy, jeśli użyjesz go sto razy
dziennie. Joe używa sto razy dziennie
słowa I love i I hate.
Joe kocha twoje buty i swoją zupę
swoją rodzinę i twoją koszulę
swoja ojczyznę i skarpetki swojej dziewczyny.
Nie można traktować go poważnie.
Joe mówi jedną rzecz, ale myśli co innego
prawdy nie powie, aby cię nie urazić
żyjąc wśród nich trzeba zachowywać się
poprawność polityczna czyni z Joe
słonia wśród porcelany.
Joe w oczy powie ci : twój angielski
jest piękny a za plecami o czym on mówił.
Uczy cię jak masz pisać własne nazwisko
które w jego uszach brzmi jak nazwa
egzotycznego kwiatu, ptaka, ryby.

Letter 29

Write something about Americans: How do you see them?

Joe Doe apologizes when someone steps on
His foot, saying, It's ok.
Joe loves I am sorry, but it does not mean anything
If he uses it a hundred times a day.
A hundred times a day Joe Doe
The words I love and I hate.
Joe loves your shoes and your soup,
His family and your shirt,
His homeland and the socks of his girlfriend.
Joe hates ice cream and bad weather.
Sometimes he sounds like a robot
Who uses only 55 words from the dictionary.
You cannot take him seriously.
Joe says one thing but means something else.
He cannot say the truth. He does not offend you.
Living among Americans one must remember
To be politically correct.

List 30

W Polsce obecnie nastała moda na psy, prawie każdy ma psa,
czy w Ameryce też?

Psa, nie, mam kota uważam go za dar opatrzności
gdy zamieszkał ze mną przestałem ludziom
zazdrościć wielu rzeczy
z jego przybyciem odszedł w nieznane
żal do świata, poczułem się lżejszy od trosk
on stał się ważną częścią mojego prywatnego życia
przy nim zdobywałem się na własne chwile zadumy
głaszcząc jego grzbiet, nacierając uszy i nosek
doznawałem nieznanych mi dreszczy przyjemności,
moje nieduże winy przy nim rozpuszczały się
jak śnieg na wiosennym słońcu, on w swojej
bezbronności i przywiązaniu do mnie
dodawał mi siły, odejmując zwątpienie
przy nim dojrzewał owoc na nieznanym mi drzewie
sekretu, którego nie byłem w stanie pojąć
mój kot ot odkrył we mnie moją pewność siebie
mówiłem językiem prostym i zrozumiałym:
— chodź do mnie, połóż się obok mnie
kocham cię, jesteś wspaniałym kotem
daj się pogłaskać.

Letter 30

In Poland, owning a dog has recently become a fad. Is this the case in America, too? Do you have a dog?

No.

I have a cat. I consider him a gift of providence.
When he lived with me, I stopped envying people
And their many objects.
And then he departed unjustifiably from this world.

My tiger has since become an important part of my inner life,
And when I conjure him in a moment of reflection,
Stroking his back, nose, rubbing his ears,
I experience a thrill of pleasure again.

The tiger lays new traps for emotions
And takes me to places unknown to a car
And yet is less than a leaf falling from a tree.

My thought of him dissolves
Like snow in the spring sunshine,
He's showing me vulnerability and affection,
He adds strength and subtracts doubt.

The sky is blue, in my eyes no storm,
In my ears no wind,
And in the tree of the forbidden fruit he sits,
Unknown to me. I cannot taste the ripening fruit.

The cat discovered in me a map of self-confidence
And now I speak in plain, intelligible language:
I love you, beautiful cat.

List 31

Napisz coś o kobietach

Nie znam się ma kobietach są tajemnicze
Rano budzisz się pójdę kupić mleko
Albo pianino, ale on powie, przecież
Masz coś ważniejszego dzisiaj do zrobienia
Może pomoże przy sprzątaniu mieszkania.

Jeden pocałunek na dobranoc
Jeden pocałunek na dzień dobry.

Gdzie jest instrukcja obsługi odkurzacza
Zapytasz – ona odpowie wyłącz radio

Bolero Ravela jest muzyką miłości
Albo ciężkim rąbaniem drzewa.

Jednym pocałunkiem uśpić,
jednym pocałunkiem zbudzić.

Lepiej trzymać się od nich z daleka
jedyny sposób aby się od nich uwolnić to poezja
mówisz – jestem poetą
odpowiada – życie jest ciężkie.

Letter 31

Say something about women.

You wake up in the morning and say,
"I'll go and get some milk, or buy a piano"
But there is always something better to do—
Clean the apartment, not go anywhere.

One kiss to sleep,
One kiss to wake.

"Where is the vacuum cleaner manual?" you ask,
"Better turn on the radio," she responds,

"Bolero," Ravel, the music is like love
Or a blunt axe chopping wood.

Better to stay away from her,
And the only way is poetry, and say

"I am a poet,"
And she will answer
"Life is hard."

List 32

Napisz coś aniołach, czy w nie wierzysz?

Tak, wierzę w anioły, one są pięknymi
dziewczynami ze skrzydłami, jak w nie, nie wierzyć
są obietnicą czegoś dobrego i słodkiego, ukryte
z tej drugiej strony naszego życia uszytego
z białej podszewki niebios.

One powodują wybuchy wulkanów
upadki dyktatorów, przegrane drużyn
narodowych, nie odtwarcia się spadachronu.

W lornetce policjanta wyglądają na mniejsze
od muchy, ale pomagają nam
w życiu codziennym, czuwają
gdy przechodzimy przez kładkę
są zaprzeczeniem bluźnierstwa
wulgaryzmów i nienawiści
są czułością nie z tego świata
która ustala równowagę pomiędzy
człowiekiem a tchnieniem.

Uwielbiane przez poetów romantycznych
malawane przez malarzy barokowych
metafizyków i mistyków, anioły rzeźbiarzy
Swedenborga i Blake, Miłosza i Różewicza.

Letter 32

Do you believe in Angels?

The angels have bodies.
They were painted by old masters
Who saw them with their own eyes.
They were described by Swedenborg and Blake
And some romantic poets.
They were walking in the garden
Or lifted up by an invisible power
In the air.

Yes, angels are beautiful girls with wings
And they inspire volcanic eruption,
The fall of the dictator,
The defeat of the national team,
And parachute failure.

From the other side of our lives angels
Sew the white lining of the heavens
And they are our reward, untouched,
Composed of pure crystalline love.
In an officer's binoculars
They look smaller than flies.
They help us in everyday life, watch as
We walk on narrow paths
Between mountain precipices.
They will never rust; they are always on the move.
Their philosophy is not read from a book.
They warn the grass not to laugh so loud.
At evening it will cry.
That is why silence is the question.
Angels are the balance between man and breath.
How is it possible not to believe in them?

List 33

Napisz, czy spotkałeś w Ameryce ludzi bogatych, milionerów.

Dawno temu, gdy mieszkałem w Pieszycach
byłem brzdącem, nie umiałem czytać
byłem przekonany, że bogactwo to książki.
poniemieckie książki znalezione na strychu.

W wieku pięciu lat czytałem do góry nogami,
z wypiekami na twarzy oglądałem obrazki.
Wszyscy się ze mnie śmiali, ale to mi nie przeszkadzało
wiedziałem, że nastąpi taki dzień, że je przeczytam
wtedy będę bogaty.

Będę równy bardzo sławnym królom
blask ich pałaców oślepia.
Będę równy artystom, którymi naród się chlubi.
Będę równy mądrym i rozsądnym kupcom
którymi bogate miasto się chwali.
Nie, takich bogaczy tutaj nie spotkałem.

Letter 33

Did you meet any millionaires?

Long ago, when I was a toddler in Pieszyce,
I would not read, and I believed that wealth was found
In the attics of old German books.

At the age of five, I would
Read a book upside-down
And with a flushed face
Watch as the illustrations and everyone
Laughed at me.

But this did not bother me
For I knew that there would come a day
When I would read these books.
Then I will be a millionaire.

Walt Whitman is a millionaire of my emotions.
When I was translating his poems
With such enthusiastic joy, he sat on my shoulder
With a heavy big head and silver bearded sad face.
I consider him a millionaire too.

A friend of mine, Pawel made a metaphor like
This: On the sun it is as warm as in a poem.
He once told me that he could see the thinness
Of clouds and hear the steps of
A poem walking through snow.
I thought of him as a millionaire.

List 34

Napisz, jak czujesz się w wielkim mieście Ameryki.
Ty - mieszkaniec głębokiej prowincji

Pod powiekami dźwigam swoją prowincję
sady czereśniowe, pieszyckie łąki
jak kowal kowadło
szewc szydło
kucharz patelnie
lekarz szpital

wielu z głuchej prowincji
szlifuje miejski bruk Chicago
Nowego Jorku, San Francisco

czuję się dobrze najważniejsze jest
aby być sobą
kroplą deszczu jedną z miliona

kowadło kowalem
szydło szewcem
patelnia kucharzem
szpital lekarzem

Letter 34

As an inhabitant of a province in Poland, how do you feel about big city life in America?

I keep my province under my eyelids
As a blacksmith keeps his anvil,
A cobbler, his awl,
A cook, his pans,
A doctor, his hospital.

Many of us from the provinces
Grind the pavement in Chicago,
New York, San Francisco.

I, a villager, feel well in a big city.
The most important thing is to be yourself:

Anvil, blacksmith,
Awl, cobbler,
Saucepan, cook,
Hospital, doctor—

And yet, the moral code of provincial life
Is the spine that allows you to walk straight.

List 35

Napisz, czy wierzysz w horoskopy

Wszystkie horoskopy na ten rok
przepowiadają mi wielką miłość
sławę i uznanie, nawet pieniądze
będą lepsze od proszku na ból głowy
nawet podróż promem kosmicznym.
Gdy je czytam, język bezwiednie oblizuje
sól z ust, miód serca, rozczarowania oczu.
Czy może być lepiej? Czy mam się trwożyć
o najbliższą przyszłość? Czy mam być
gorliwy czy niecierpliwy?
Bóg jeden raczy wiedzieć, co będzie
dla mniej najlepsze. On ocali mnie przed
gorączką pieniądza, samotnością sławy
plotką uznania. Zobaczę nagie godziny
tak jak je Pan Bóg stworzył bez kostiumów
zmartwień czy problemów do rozwiązywania.
Gdy wybije moja godzina, On zstąpi z nieba
pod postacią żony aż spłynie na mnie jasność
tego co dotychczas było ciemne.
Zrozumiem niezrozumiałe.

Letter 35

Do you believe in horoscopes?

All the horoscopes for this year predict my great love,
My fame and recognition and wealth,
But what will happen when the shark
Suddenly appears in the sea of life?

Which leg of life will be cast?
Who will offer the hand of hope?

Language unconsciously licks its lips.
When I'm reading it
I sleep with dark glasses to stop dreaming.
God only knows what will be
The best for me. He will save me from
The fever of money, loneliness, fame,
Rumor, discretion. When my hour strikes
He will descend from heaven in the form of a wife.
He will transform my colorful dreams
Into a gray reality, in which my face has
Grown since my birth

It all depends on the hands of scions
Finger-like, crabs crawling, sliding
After shaving my face

So I believe in horoscopes.

List 36

Napisz, czy Ameryka jest nadal rajem dla emigrantów

Kiedy Walt Whitman pisał swoje wiersze
Ameryka była krajem emigrantów.
Kiedy Langston Hughes wędrował ulicami Harlemu
nucąc swoje pieśni
Ameryka była krajem emigrantów.
Kiedy Carl Sandburg jeździł tramwajami
po ulicy Halsted w Chicago
Ameryka była krajem emigrantów.
Kiedy Allen Ginsberg pisał Howl w San Francisco
a polski poeta Czesław Miłosz
w tym czasie pisał Traktat poetycki we Francji
od San Francisco po Nowy Jork
od Alaski po Florydę
emigranci są odciśnięci w amerykańskiej psychice niczym
ryba prehistoryczna w skamielinie.

Letter 36

Say something about immigrants

When Walt Whitman wrote his poems,
America was a country of immigrants
Like a green cabbage of the fields of New Jersey.

When Langston Hughes wandered the streets of Harlem
Humming his songs,
America was a country of immigrants
And sounded like blues from the Delta.

When Carl Sandburg traveled by street car
On Halsted Street in Chicago,
America was a country of immigrants
And Chicago was the biggest slaughterhouse.

When Allen Ginsberg wrote "Howl" in San Francisco,
And the Polish poet Czeslaw Milosz
Wrote "Treatise on Poetry" in France,
From San Francisco to New York,
From Alaska to Florida,
America was a country of immigrants

Whose voices are like Oread's echo,
Taken away.

A woman in a funny hat
With the name Marianne Moore,
At the Poetry Society of Friends
Meeting in New York, said:

Immigrants imprint the American psyche
Like fish fossils in the soil.

List 37

Masz w Ameryce swoje niebo?

Jestem mitologicznym Atlasem dźwigam
Na moich polskich ramionach amerykańskie niebo.
Ręce wyciągnięte wysoko do góry
Biją w nie pioruny, burze magnetyczne
O częstotliwości od 3Hz do 30 Hz
Oddycham nie swoich powietrzem
Azot, tlen, argon, hel, krypton, ksenon
Brakuje mi własnej chemi z dzieciństwa
Muszę przyzwyczaić serce i płuca
Do nowych składników szczęścia i nieszczęścia
Nowych ciśnie atmosferycznych i barometrycznych
W oczach moich zakwitają nowe gwiazdy
Jak kwiat czereśni, śliwy, jabłoni
Stoję na ugiętych nogach jakby w prośbie
Aby mnie wysłuchano. Jestem nowym
Atlasem, szukam swojej Atlantydy
A w niej miedzianego słońce przewodnika ciepła
Pieniądza ze złota dającego energię życiową.

Letter 37

Do you have, in America, your own heaven?

I'm the mythological Atlas. On my shoulders
I hold Polish-American heaven.
In Chicago over Montrose Avenue
My hands are stretched high up,
Lighting strikes my body, magnetic storms, too,
With the frequency of 3 Hz to 30 Hz
I am breathing air not my own —
Nitrogen, oxygen, argon, helium, krypton, xenon.
I miss the chemistry of own childhood.
Now my heart, lungs, kidneys have to get used
To the new components of happiness and unhappiness,
New precipitation and barometric pressure.
In my eyes bloom new stars
Like the flowers of cherry, plum, apple trees
I'm standing on bent legs as if requesting
To be heard. I am a new Atlas;
I am looking for my mythological land of Atlantis
With the copper sun which conducts heat,
With golden money that gives life energy.

List 38

W Ameryce orzeł też jest symbolem narodowym.
Powiedz, czy jest on podobny po polskiego orła.

W Polsce podobizny orła były w każdej klasie
biurze, urzędzie, instytucji.

Gdy przybyłem do Ameryki za pracą
na każdym zarobionym dolarze była
podobizna orła.
Nigdy nie widziałem unoszącego się
w przestrzeni orła, śniłem aby go zobaczyć
nad Logan Square, ulica Milwaukee lub
ponad muzeum DeSable. Dom mój przypominał
klatkę na dzikie zwierzęta. Byłem pewien, że
krążący nad nią orzeł krzyczał: materializm
poezja, miłość, katolicyzm, pieniądzę
w imię Ojca i Syna i Ducha Świętego
on wiedział dlaczego to robi.
Chciałbym pocałować orła w usta
ale on nie ma ust, chciałbym poczęstować
go papierosem, ale on nie pali.
On wie jak może zwrócić na siebie
moją uwagę. Podpali mnie swym krzykiem.
Jest bankomatem wypełnionym banknotami
A ja muszę za wszystko płacić.

Letter 38

Do you remember the old Polish legend of An Eagle: Once
when two brothers, Lech and Czech, went hunting together
each followed a different prey and traveled in a different direc-
tion. Czech headed to the West and founded the Czech nation.
While Lech traveled the North until he came across a magnifi-
cent white eagle guarding her nest. Startled but impressed by
this spectacle, he decided to settle there. He adopted the White
Eagle as his coat of arms, which remains a symbol of Poland to
this day.

The pictures of eagles were in every classroom,
Public office, and institution.
When I came to America to find a job
On every dollar I earned
I saw a painted symbol of power.
I had never seen any eagle alive
But dreamed to see the magnificent bird flying
Over the Logan Square or Milwaukee Ave
Or over DeSable museum or my house
This remains a cage for wild animals.
I'm sure that the eagles tries to surround me.
The eagle shrieks materialism, Buddhism, poetry,
Money, in the name of the Holy Father and Son.
I know what the shriek is about.
Now the eagle lives in me.
I'm closing my eyelids—
He lives in me, I don't know how he got inside me.
I'm not a child; I can get to the window,
Not to be afraid to look out.
Now he and I, we have a personal mythology.

List 39

Uskarżasz się na los emigranta, ale nie wracasz,
wyśpiewujesz Amerykę...

I hear those odes, symphonies, operas,
I hear in the William Tell the music of an arous'd and angry
people,
I hear Meyerbeer's Huguenots, the Prophet, or Robert,
Gounod's Faust, or Mozart's Don Juan.

Whitman ukochany mistrz wyśpiewywał Amerykę
ja tylko w jego chórze dzikich gołębi
ustami poruszam nie znam Ameryki
śpiewam pieśń polskich emigrantów
bezradnych wyrwanych z romańskiego
kościółka, którzy nie potrafią stworzyć
rzeki pracy, ani fundamentów góry dobrobytu
nie wracam, uskarżam się na los emigranta
to takie ludzkie inaczej nie potrafię
Ameryka pracy nie obiecuje, ani szczęścia
ani dolarów, dlatego się uskarżam
skąd więc ta pewność że tutaj wszystko
można wierzyć w to czyste szaleństwo
dlatego nie wracam
uskarżam się bo, Ameryka zawsze mówi
nie na temat, a emigrant mówi od rzeczy
nie wracam bo Ameryka wciąż mnie trzyma
za lewą nogę, powołuje się na moje sny
o Ameryce i przed zaśnieciem obiecuje
spełnienia American Dream

Letter 39

You complain about the plight of the immigrant, but you don't
go back; instead you sing of America...

I HEAR America singing, the varied Carols I hear;
Those of mechanics-each one singing his, as it should be, blithe
and strong;
The carpenter singing his, as he measures his plank and beam,
The mason singing his, as he makes ready for work, or leaves
off work...

Walt Whitman, my beloved master, sang America.
I am just one in his chorus, a moving mouth
Like a wild pigeon. I don't know America;
America doesn't know me.
I sing a song of the Polish immigrant,
Helpless, torn out of the Romanesque churches,
About what I left, what I remember,
Which is great only in my dreams.
The bygone days were an ant
That wanted to move a mountain.
I am the bird with the golden feather that sings
That America doesn't promise jobs or happiness,
I sing about Potter Palmer who instituted a "no questions
asked" policy
Or Philip Danforth Armour who gave millions jobs to immi-
grants.
The wind gently blows, my eyes blink
To better see the horizon.
I complain about America standing between
Two walls. I believe that my song will
Crush the walls and my poems become
Brick from which I will build my future in America.
That's why I am not returning to Poland yet.

List 40

Napisz, czy przyjaźnisz się z Murzynami.

Tak przyjaźnię się z Langston Hughesem.
Ostatnio prawie codziennie rozmawiam z nim;
(czytam i tłumaczę jego poezję na język polski).
Jego oczami oglądam Amerykę, bez niego
nigdy bym jej nie poznał.
Jego sercem czuję bicie wielkiego serca Ameryki.
Jego bluesami śpiewam Amerykę,
z nim wędruję ulicami Harlemu przyglądam się
czarnym prostytutkom,
z nim zbieram bawełnę na południu
pocąc się pod niebem Alabamy.
Razem z nim się dziwię, że Brytyjczycy walczą
z Niemcami o swoją wolność, ale Irlandię okupują
Indie nie są wolne.
Brytyjscy koloniści gnębią i gardzą
handlują człowiekiem.
Wiem o czym Langston pisze
dla nich ja też jestem człowiekiem drugiej kategorii
mnie też Brytyjczycy sprzedali Stalinowi
a gdy mówi:
I am a Negro:
Black as the night is black,
Black like the depths of my Africa.
Powtarzam za nim:
Jestem białym człowiekiem:
Białym jak niedzielne popołudnie w maju,
Białym jak śnieg pieszyckich pól.

Letter 40

You live in Chicago where there is a large African-American community. Are you friends with any African-Americans?

For the past several months, almost every day,
I talk with Langston Hughes
While reading and translating his poetry into Polish,
And in so doing I find him to be my friend.
A great man, he writes about his
Black brethren, both American and African.
There's a bitter river
Flowing through the South,
Too long has the taste of its waters
Been in his mouth.
His poetry is like an octopus—it pulls.
Through his eyes, I see America,
And I feel the great beating heart of America,
And travel with him through the streets of Harlem,
Among prostitutes.
I sweat, picking cotton
Under the skies of Alabama with him;
I'm surprised that the British are fighting
With the Germans for their freedom,
But digging Ireland and India is not free.
I know what Langston writes.
The British and Americans sold me to Stalin,
And when Langston writes,
I am a Negro
Black as the night is black,
Black like the depths of my Africa.
I repeat after him:
I am a white man:
White as a Sunday afternoon in May,
White as Pieszyce snow.

Spis treści / Table of Contents